PROGRAMME LIBÉRAL

PAR

Louis DE LAVALETTE

AVOCAT

« Pessimum inimicorum genus
laudantes. »

PRIX : 1 FR.

PARIS

TYPOGRAPHIE ET LITHOGRAPHIE RENOU ET MAULDE
144, RUE DE RIVOLI, 144

1869

PROGRAMME LIBÉRAL

Il nous a paru qu'au moment où le réveil de l'opinion publique et le désir d'une liberté plus grande se manifestent diversement, mais d'une façon si évidente, il était également utile pour la nation et pour le Gouvernement de voir les questions à l'ordre du jour, l'organisation sociale actuelle, l'administration et ses mesures, jugées par des hommes absolument étrangers à la scène politique.

Le Gouvernement ne pourrait raisonnablement voir un piége dans les réformes demandées par des gens désintéressés, et s'il mérite parfois des éloges, ne seront-ils pas plus facilement acceptés de leur bouche que de la sienne ? Nous n'entendons ni louer ni fronder le pouvoir, encore vierge de la rosée de ses faveurs, et entièrement indifférent pour les gouvernements qui l'ont précédé et que nous ne connaissons que par l'Histoire. Disons même toute notre pensée : à l'inverse de beaucoup d'hommes remarquables, mais auxquels la grandeur même de leur personnalité ne laisse pas une impartialité suffisante, de l'étude attentive et aimée des sociétés de tous les temps, et particulièrement de notre époque, il ne nous est resté qu'une impression peu favorable au passé ; le comparant au présent, nous préférons encore celui-ci. Et soit parce que le présent est meilleur, soit que placé trop près nous ne connaissions pas parfaitement le régime actuel, soit que la jeunesse incline naturellement vers l'indulgence, il nous paraît que les malheurs d'autrefois n'ont pas été complétement stériles.

Si ce n'est pas donc en admirateur passionné et exclusif, c'est du moins en critique bienveillant et plutôt pour aider à reconstruire qu'à démolir, que nous écrivons.

Le chef de l'État, malgré la triple enceinte morale qui sépare encore le trône de l'opinion, est plus qu'aucun de ses prédécesseurs enclin à rechercher

la vérité, à tenir compte de l'observation ; il n'a jamais montré cette obsti-
nation déplorable à persévérer dans sa volonté, malgré le vœu de la nation,
qui caractérisa le fondateur de sa dynastie. Nous ne connaissons pas durant
son règne d'acte d'arbitraire ou de cruauté comparable à la mort du duc
d'Enghien, à l'expulsion de M. Portalis du Corps législatif, sous l'empire; à
la ratification de la sentence de Ney, à l'expulsion de Manuel de la Chambre,
ou aux ordonnances de juillet, sous la Restauration. A coup sûr, si jamais
la Providence a infligé de promptes et éclatantes représailles, c'est à propos
des méfaits que nous signalons; s'il est des épreuves qui puissent mûrir
un esprit et lui donner la sagesse, ce sont celles par lesquelles est passé le
prince qui nous gouverne. Il a pu être ébloui par l'éclat du despotisme,
mais cette grandeur même, suivie de si près par un désastre sans exemple,
n'a dû servir qu'à le mettre en garde contre ses abus. Après les leçons d'ensemble sont venues pour ainsi dire celles de détail. Sous la monarchie
et sous la seconde République, combien nettement ont apparu les résultats
déplorables de l'aveuglement du pouvoir, de son inconséquence, de sa vénalité,
de sa partialité et de sa faiblesse ! si nous voulions railler, ne pourrions-nous
pas lui dire comme Louis XIV à un de ses ambassadeurs : « Faites tout le
contraire de ce qu'ont fait vos prédécesseurs, et nous serons satisfaits. »

Il est une chose autrement difficile que de faire tout céder à sa volonté ou
de tout laisser aller à la dérive, c'est de gouverner avec poids et mesure.
Ainsi qu'un objet trop fortement éloigné de son équilibre ne peut le
reprendre, ceux qui gouvernent ne peuvent sans se dépouiller de leur pouvoir,
à quelque origine qu'ils le doivent, se livrer à certains abus.

Grâce à Dieu, le Gouvernement actuel n'en est pas là ! Qu'il cesse de se
préoccuper à l'excès de l'apparition du spectre des pouvoirs décédés ; ils se
sont tués dans les formes, tout le bien qu'il fera tournera contre eux. Chaque
liberté, chaque économie, chaque modification utile, seront comme les montagnes que Jupiter entassait sur les géants. Si les individus sont ingrats, les
sociétés sont reconnaissantes et généreuses comme la terre qui les nourrit.

N'est-il pas un fait incontestable qui prouve la nécessité d'un travail
analogue à celui que nous entreprenons, sinon la justesse de nos obser-
vations, c'est que, depuis les réformes radicales au point de vue des principes, peu considérables dans l'application, qui ont marqué le commencement
de ce siècle, chacun sent l'instabilité du terrain sur lequel nous marchons,
le peu de bases de notre organisation actuelle, et la nécessité de mettre les
faits d'accord avec des principes que tous admirent et glorifient cependant.
Ainsi, quand des plans d'alignement ont été tracés dans une cité et lorsque
quelques vieilles masures se sont écroulées, la bizarrerie des autres et la

nécessité impérieuse de les détruire aussi frappent davantage les regards. Sans doute, ce mélange de bien et de mal, de despotisme et de liberté, s'expliquent surtout par notre histoire contemporaine.

N'est-ce pas une question digne des investigations non-seulement du philosophe et de l'historien, qui n'est qu'un philosophe plus pratique, mais de tout homme de bien, que de décider si la Révolution de 89 est seulement une réaction de la démocratie contre une aristocratie trop privilégiée, comme il s'en est tant produit, ou un élan unique d'une portée incalculable de l'humanité vers la perfection? De la solution de cette question dépendent les destinées de l'humanité; si l'on néglige quelques esprits moroses qui trop souvent veulent faire retomber sur tout le monde la responsabilité de leur misanthropie, la réponse n'est pas douteuse; mais alors pour obtenir d'heureux résultats, il faut prendre la peine d'être logique. Malheureusement que de contradictions partout et jusque dans la pensée du souverain, autant que les ouvrages qu'il a publiés permettent de la connaître!

Au début de sa remarquable *Histoire de César*, non en vue d'excuser, mais plutôt pour glorifier, ce semble, les efforts que fit César pour acquérir une autorité sans bornes et sans contrôle, l'auteur assure que ce grand homme, pénétrant d'avance l'avenir, sentit le désir et la nécessité qu'éprouvait Rome d'épouser un maître, et alors qui plus que lui, grand capitaine et grand politique, fier et clément à la fois, était capable d'assurer le sort de la République? Tout l'ancien régime, le despotisme brillant, mais coûteux et fatal de Louis XIV, adoptés en réalité tout entiers et aggravés même de procédés plus soldatesques par le premier empire, ne sont-ils pas contenus dans cette pensée?

Eh quoi! cette faculté de se conduire et de discerner qui lorsqu'elle abandonne l'individu le détruit pour ainsi dire entièrement, viendrait parfois à manquer aux nations? Au dire de Napoléon III, ce sont Brutus et Cassius qui, en massacrant leur Messie, ont rendu Néron et Caligula possibles; non, Caligula et Néron existaient en germe dans le despotisme bienveillant et pour ainsi dire attique de César. Sans doute, les peuples doivent prêter l'oreille à la voix des grands hommes; ils doivent s'efforcer de les comprendre et suivre leurs conseils lorsqu'ils sont bons, mais ils ne doivent pas leur obéir en aveugles, et les grands hommes, s'ils veulent fonder quelque chose de durable, doivent plutôt apprendre à l'humanité à se passer d'eux qu'à penser et à vivre par eux.

Qui oserait affirmer que si César avait connu l'avenir du peuple romain, il n'eût pas reculé épouvanté? aurait-il pu jamais se rencontrer une démocratie assez corrompue et assez forcenée pour ériger le parricide en vertu et l'in-

.cendie de Rome en joyeux passe-temps? N'est-ce point, aussi grand que l'on soit, lorsqu'on n'est qu'un homme, à la fois la plus grande imprudence et le plus fol orgueil, que de vouloir tout faire reposer sur une seule tête? Napoléon et César eussent, dit le même auteur, donné la gloire et le bonheur à leur époque, peut-être à l'humanité, si ces deux ingrates ne les avaient méconnus. Erreur; ils ont tous deux joui de la puissance la plus vaste que l'on puisse concevoir, et n'ont rien fondé parce qu'ils ont voulu substituer des personnalités illustres, mais éphémères, à d'immortels principes.

L'on s'efforcerait en vain de vouloir assimiler l'humanité à une ruche d'abeilles où l'un produit, conçoit sans cesse, et les autres exécutent seulement; nous voulons et nous devons tous concevoir, inventer, et exécuter dans la mesure de nos forces.

Le monopole de la pensée n'appartient à personne, pas même à César ou à Napoléon; tant que ces grands maîtres nous initient, nous guident, ils sont dignes de respect et d'admiration; mais lorsqu'ils veulent annuler la personnalité humaine, celle-ci se relève et les terrasse.

Ainsi, ce n'est pas en développant de grandes facultés, mais en aidant au développement des facultés sociales des peuples, le patriotisme, le désintéressement, la sévérité des mœurs, que les grands hommes, et en général tou les dépositaires de l'autorité souveraine, opèrent quelque bien.

Nous ne sommes pas de ceux à qui plaisent surtout les récriminations; les reproches justes ou non font presque toujours rejeter les bons conseils qui les suivent; nous dirons donc seulement que le moment nous semble des plus favorables pour couvrir d'un plus grand nombre de voiles le navire de l'État. L'Empereur est parvenu à l'âge où César, qu'il a choisi pour son héros, — on doit le féliciter d'être sorti de sa famille, — après avoir laborieusement accaparé sa puissance, l'eût peut-être harmonieusement éparpillée.

Le temps qui fut refusé à celui-ci est accordé à celui-là. L'Empereur se trouve heureusement placé dans la force de l'âge, entre la génération qui assista à son avénement et celle qui est appelée à la remplacer. Il est un passage de la vie de César qui nous a frappé et dont, à coup sûr, la postérité intelligente tiendra compte à son illustre auteur, c'est celui de la pénurie d'hommes recommandables et probes que ressentent tous les fondateurs. On est souvent obligé, dit l'auteur, de choisir non comme on le voudrait, mais le moins mal possible.

Eh bien! si une génération toute faite s'est imposée à l'Empereur, la rare fortune de pouvoir en façonner une selon son idéal, qui, à coup sûr, est grand et noble, lui est donnée.

Bien que le suffrage universel semble nous permettre de nous immiscer un peu dans les affaires publiques, nous sentons tellement combien cette part est petite, que nous parlons toujours du Gouvernement, de l'État, comme d'êtres moraux, dont nous ne faisons pas partie ; peut-être notre langage changera-t-il avec les choses lorsque l'État et la nation seront mariés d'une façon plus intime, lorsque le Gouvernement, en un mot, aura dépouillé l'armure du moyen âge, qu'il croit nécessaire de garder contre les partis, et empruntera à la nation, avec moins de cérémonies et en abrégeant la quarantaine, les diverses individualités dont il a besoin.

Nous allons essayer de prouver que le vice radical de notre organisation, dans la magistrature, dans l'Université, l'armée de terre et de mer, la représentation nationale, le pouvoir pondérateur le Sénat, et l'administration proprement dite, consiste en une centralisation et une spécialisation exagérées.

En France, dès qu'un homme est magistrat ou soldat, le citoyen disparaît complétement sous la toque ou sous le baudrier.

Cela tient surtout à ce que l'on veut avoir sur pied des hommes prêts à soutenir non des principes, mais des personnalités.

La Magistrature.

Le futur magistrat commence à poindre même sur les bancs du collége, il est l'ennemi des taches d'encre, et reçoit modestement les réprimandes. A l'École de droit, il existe déjà, sauf de rares exceptions, un abîme entre lui et ceux qui aspirent aux lauriers de la barre ; il siége dans le voisinage du professeur dont il exécute parfois la charge, en paraissant recueillir pieusement ses paroles.

Ensuite ce n'est pas aux pans de la robe des maîtres en l'art de parler qu'il s'attache ; les émouvantes péripéties de la Cour d'assises le laissent ordinairement indifférent, ainsi que ces affaires complexes et laborieuses qui, naissant devant le Tribunal de 1re instance, ne prennent une forme définitive qu'après être passées par les plus habiles mains du Palais, véritables chefs-d'œuvre d'éloquence, de bon sens et d'érudition, dont quelques auditeurs persévérants profitent seuls.

Pour le futur magistrat tout le noviciat consiste à dépouiller de misérables dossiers dans un parquet, à suivre à la piste les méfaits de quelques vagabonds ; ajoutons que, depuis quelque temps, le proverbe vulgaire : *bon chien chasse de race*, paraît être trop appliqué en ces matières.

***

D'une robe de président de chambre ou de conseiller sortent souvent, comme de sous une glousse, des couvées de jeunes substituts dont la voix n'atteindra jamais le diapason paternel.

Pourquoi ne pas laisser jusqu'au dernier moment tout le jeune essaim des avocats s'agiter dans la salle des Pas-Perdus, lutter pour atteindre la barre et y briller; pourquoi enfin ne pas décerner la toque galonnée comme le prix des jeux Olympiens aux élus de la Renommée, au lieu de la réserver pour un groupe de favoris, presque tous muets, vrais acolytes des cérémonies de la justice? Aussi, comme la juste célébrité oratoire de quelques magistrats tranche au milieu du silence prudent de leurs collègues; encore presque tous les chefs de file appartiennent-ils à la vague d'avocats que la tempête de 1830 jeta dans la magistrature par-dessus les digues.

On se plaint parfois de la raideur des avocats à l'égard de la magistrature; mais d'où sont partis les premiers coups de fusil? le meilleur moyen d'amadouer ce corps ce n'est pas de le fondre avec celui des avoués, qui ne sont que des avocats plus retors et plus entêtés, mais de s'enrichir à ses dépens; s'il est une carrière qui puisse permettre d'apprécier rapidement à fond un homme, c'est assurément celle du barreau.

Il est tels membres de ce corps que le public s'applaudirait de voir d'emblée promus au grade d'avocat général, de conseiller ou de président. Qu'on n'objecte pas le tort qui serait causé par de telles promotions à des droits en quelque sorte acquis par de longs services. Non, le tort est le même; seulement d'illustres parentés passent aujourd'hui avant le talent; mieux vaut être neveu d'un ministre ou d'un maréchal, que de descendre de Démosthènes par Cicéron. Ainsi il n'y aurait pas, pour aller du barreau à la magistrature, une seule porte étroite et basse; suivant les nécessités du moment, ces deux grands corps s'emprunteraient leurs Achilles et leurs Diomèdes; leur niveau serait désormais le même, comme celui de deux grands lacs réunis par un canal. Dans les moments de trouble on ne trouverait pas tant d'orateurs dans les clubs et si peu dans les assemblées parlementaires; à coup sûr la France n'y perdrait pas. Peut-être le meilleur moyen d'appliquer notre théorie serait-il de composer un jury formé mi-partie de conseillers du ressort, mi-partie des anciens bâtonniers de l'ordre, qui désigneraient un certain nombre de candidats parmi lesquels l'autorité devrait choisir ses substituts.

L'Université.

Il suffit d'examiner cette muse du xixe siècle, qui remplace désagréable-ment les neuf muses antiques, pour être convaincu qu'elle est sortie dans toute la puberté de sa pédanterie et de son despotisme, du cerveau autocra-tique de Napoléon Ier; il appartenait à un homme qui voulait tout régenter, même la langue des femmes, d'imaginer de faire subir à la jeunesse un régime d'obéissance passive, servir à la jeunesse des grogs d'histoire également édulcorés ou épicés; l'habituer à se lever, à manger à se coucher au son du tambour, cet instrument conservateur dont le Gouvernement à presque le monopole; lui représenter Monsieur le préfet comme le *Deus ex machina*, dont Monsieur le proviseur est le représentant visible; en faire le dispensateur de toutes les grâces et de tous les jours de sortie, n'est-ce pas une bonne école pour le suffrage universel? Il est vrai que Napoléon n'avait guère songé qu'à enrégimenter, ce qui se rapproche un peu de faire voter; car, pour le suffrage universel, il trouvait que c'était déjà beaucoup d'en user une fois en sa vie.

La réaction a suivi les abus d'un pouvoir insupportable; les conquêtes qu'il avait faites sur la liberté individuelle se sont échappées comme les conquêtes faites chez nos voisins: l'Université, presque seule, est restée debout pour faire endurer aux enfants une partie de ce qu'avaient souffert leurs pères; proba-blement la peur de voir quelques diserts professeurs de rhétorique jeter les hauts cris, a sauvé ses priviléges.

Cependant, depuis que la parole éloquente et irrésistible de Lacordaire et de Montalembert a obtenu que les pères pussent dérober leur enfants au car-can universitaire, depuis enfin que la liberté d'instruction est reconnue, n'est-ce pas une chose incompréhensible que l'État continue à subventionner l'Université au détriment des autres établissements d'éducation? Oui, il est juste et indispensable de fournir aux indigents les moyens d'acquérir les con-naissances d'une utilité immédiate, on leur doit ce dédommagement de leurs souffrances et de leur résignation; mais un citoyen français auquel il plaira de faire élever ses enfants aux Jésuites ou à Sainte-Barbe doit-il être tenu, après avoir payé l'éducation de ses enfants, de subvenir pour partie à l'éducation des enfants de ses concitoyens élevés au lycée? Est-ce que par hasard, après avoir été obligé de rendre un droit, vous voudriez punir ceux qui en font usage? Encore si, grâce aux écus de l'État, qui, pour venir des caisses publiques, n'en sont pas moins sortis de la poche des particuliers, l'Université laissait loin derrière elle ses concurrents; mais Sainte-Barbe, mais les Jésuites, ces Carthaginois toujours vainqueurs, la coulent impitoyablement dans les concours.

Ce serait donc le cas [ou jamais, pour le Gouvernement, d'appliquer son fameux principe de non-intervention, et de laisser l'Université enseigner à ses risques et périls; nous n'avons pas besoin pour l'enseignement secondaire de colléges types, puisque les colléges libres égalent, s'ils ne surpassent pas, les lycées. Si quelque chose peut sauver le Gouvernement personnel et les candidatures officielles, ce n'est pas le privilége des lycées, car il y a long-temps que le plus sensé de nos poëtes a dit : *Notre ennemi, c'est notre maître.* C'est donc un mauvais moyen pour se faire aimer des gens, que de commencer par être leur magister; retranchez le superflu pour avoir le nécessaire; vous parlez d'intérêt public et vous laissez l'enseignement primaire dans un complet dénûment; en donnant justement aux instituteurs ce que l'on donne injustement et par une mauvaise diplomatie aux lycées, on remplacerait une gêne souvent poignante par une modeste aisance. Il va sans dire que nous ne comprenons pas dans nos critiques l'enseignement supérieur; celui-là, on ne doit rien lui refuser, il contient dans son sein l'avant-garde de la civilisation et du progrès, et c'est par lui que la France est placée aux premiers rangs des nations savantes.

L'Armée.

Que si, nous retournant du côté de l'armée, nous espérons trouver plus de sujet d'être satisfaits ; malgré quelque supériorité au point de vue de l'organisation et du choix des chefs sur les autres membres de l'État, bien des vices ne tardent pas à se montrer. Assurément le mode actuel de formation de l'armée, c'est-à-dire la conscription, a fait faire un grand pas à la force nationale, mais ce progrès n'en a été un que parce que l'esprit belliqueux des Gaulois, nos pères, commençait à diminuer chez leurs descendants.

Ce résultat provient de deux causes opposées : en premier lieu, aujourd'hui les guerres sont plus cruelles et moins attrayantes qu'autrefois; en second lieu, les bienfaits de la paix sont plus rapidement sentis par tous.

Comme toutes les espérances que nous avons dans l'avenir, et que nous voulons faire partager aux autres, se fondent sur l'adoption immédiate d'une bonne politique, on peut penser, puisque désormais il n'y aura plus que des guerres exigées par le maintien de l'honneur et de l'intégrité de la nation, qu'il serait utile de revenir un peu vers ce passé, qui nous offre autant de modèles à imiter que d'excès contre lesquels nous devons nous tenir en garde.

Un premier pas a été fait dans ce sens par l'institution de la garde mobile; mais il resterait sans résultat si l'on n'en faisait pas d'autres, et pourrait même devenir nuisible, en face de l'organisation actuelle de l'armée, avec laquelle il forme une étrange anomalie.

Quoi qu'on en dise, et quelque tempête que cette affirmation puisse soulever, il est certain que les conscrits cessent presque d'être citoyens en devenant militaires; on obtient, il est vrai, par le système suivi encore, une armée telle que pouvait la désirer un illustre ambitieux, aventureuse, infatigable et passive, prête à aller de nouveau, avec insouciance, pour obéir à une grandiose fantaisie, faire faction devant le Kremlin, ou tenter de compléter l'œuvre ébauchée de Fernand Cortez. Mais ces brillantes qualités, inutiles pour un sage souverain, ne compensent pas les défauts quelles entraînent inévitablement.

Pour justifier la présence continue sous les armes, durant cinq années, de six cent mille Français, à une époque où, grâce à Dieu, les guerres ne sont plus pour ainsi parler chroniques, il faudrait que cet immense moteur pût être appliqué à autre chose qu'à la guerre. Il y aurait moins à dire, si, comme chez les Romains, nos troupes étaient employées à la création et au fonctionnement des canaux et des chemins de fer.

Mais l'on trouverait bientôt l'impopularité et la rébellion sur cette voie, si l'on voulait y entrer, et il ne faudrait pas trop s'en plaindre, car, en général, les gens spéciaux ne veulent pas sortir de leur spécialité. Que reste-t-il don à faire? Pousser un peu la nation vers l'armée, et faire un peu reculer l'armée vers la nation.

Sauf les armes spéciales, qui doivent être sans cesse étudiées et maniées pour ne pas dégénérer, ne pourrait-on pas licencier, presque en totalité, les troupes de ligne, à la condition de convoquer une ou plusieurs fois par an toute la jeunesse française, de vingt à vingt-sept ans, dans des espèces de Champs-de-Mars. A coup sûr, les récriminations seraient bien moindres que l'on ne pourrait l'imaginer; les inconvénients presque nuls, les avantages immenses.

Supposez en France une douzaine de camps savamment chosis, dans lesquels, chaque année, tous les jeunes gens seraient appelés à manœuvrer ensemble ou à tour de rôle. Assurément les hommes de l'art nous accorderont qu'un mois ou au plus un mois et demi par an suffiraient pour en faire, au bout de

la seconde année, d'excellents soldats; car cette vie de campement, de ma-
nœuvres et de marches, serait une école excellente de la vie de campagne.

Bientôt pour les jeunes gens, surtout en France, où l'amour de la gloire est
universel, et où malheureusement aujourd'hui, la jeunesse prouve en partie
sa force et son activité comprimées par son amour des plaisirs, cette in-
terruption de tant de professions diverses pour une période laborieuse et
variée, durant laquelle toutes les conditions seraient confondues, tous les
rangs effacés, et où le laboureur et le dandy pourraient rivaliser de force et
d'adresse, deviendrait indispensable. Autant, avec une pareille armée, serait
impopulaire une guerre de conquêtes, autant deviendrait fatale à l'ennemi
une guerre soutenue pour la patrie. Le Gouvernement aurait un frein de plus,
mais ne serait-il pas bon qu'il se fît quelquefois lier au mât de son navire,
comme Ulysse, pour échapper à des entraînements dont les conséquences sont
d'autant plus fâcheuses, qu'elles retombent sur tous?

Politique extérieure.

Il est deux États qui, à l'époque moderne, n'ont pas eu d'enfance ; ils
sont nés majeurs, tant étaient riches les débris dont ils ont profité ; ces deux
États sont la Russie et la Prusse. Sans doute, il a fallu deux grands hommes
pour les organiser, et des nations voisines plus civilisées pour leur servir
sinon absolument de modèle, du moins de point de départ; mais il a
fallu de plus cet élan presque irrésistible d'une jeune race, présage certain
de bouleversements à venir. L'apparition de ces deux États eût dû changer
absolument les tendances de notre politique, et nous devons les surveiller
d'autant plus aujourd'hui, que nos pères les ont trop négligés.

Depuis la dispersion de l'invincible *Armada* et les inutiles efforts du duc
d'Albe,. pour comprimer la révolte des Gueux, ces vrais inventeurs de la
liberté moderne, la maison d'Autriche a cessé d'être réellement redoutable
malgré les distiques de ses flatteurs; les mariages par lesquels elle a
essayé de réunir deux branches à jamais séparées n'ont pas rétabli sa
puissance.

Si elle a quelquefois triomphé, c'est plutôt à cause de notre malaise
passager qu'à cause de sa propre force; si elle nous a beaucoup occupé, c'est
parce qu'elle nous fournissait cette occasion, si recherchée par les peuples
comme par les hommes, de triomphes certains quoique assez disputés pour

être glorieux. Nous eussions pu, nous eussions dû, je crois, depuis Louis XIV, laisser l'Autriche exercer sur l'Allemagne une suprématie dont elle ne pouvait pas abuser. Poste avancé des races latines, l'Autriche est plutôt réservée à agir sur l'Orient que sur l'Occident. Les montagnes de Bohême, la pente du Danube et de ses affluents, et plus encore cette paisible apathie d'un peuple presque exclusivement voué à l'agriculture, isolé de tout autre et gouverné par des princes débonnaires, nous assuraient que la Saxe, la Bavière et les mille autres petits États de l'Allemagne du centre et du nord seraient toujours des enfants très-insubordonnés à l'égard de l'Autriche.

Ainsi, nous pouvions pour ainsi dire tromper le sentiment germanique, lui donner pour chef et pour guide une sorte de grand Lama presque inaccessible, et alors, si nous avions des velléités d'ambition, choses qu'il faut toujours prévoir sans les désirer, que notre position sur le Rhin était aisée! nous pouvions atteindre à notre gré La Haye, Mayence, Francfort ou Cologne, avant que le cri d'alarme fût seulement parvenu à Vienne. L'Autriche, qui est elle-même une confédération, ne luttait que mollement. Ainsi tout en reculant nos frontières, sans courir de risques sérieux, nous eussions pu attendre cette époque de décentralisation générale qui semble se montrer à l'extrémité de l'horizon comme le dernier progrès social que puisse réaliser l'humanité; mais nous avons pris le contre-pied. Les prévenances de Marie-Thérèse à l'égard de Mme de Pompadour ne sauvèrent l'Autriche au XVIIIe siècle que lorsque nous nous fûmes exposés à essuyer Rosbach. Un peu plus tard, pour changer en haine une aversion inoffensive, la Convention nationale lui jeta la tête de la fille de ses rois. Toute la prodigieuse existence de Napoléon, depuis son admirable campagne d'Italie, nous apparaît comme un opéra dans lequel revient toujours, habilement amené, le même thème, la guerre à l'Autriche; et un mariage dans les derniers temps, moyen si excellent au théâtre de se tirer d'affaire, ne suffit plus sur la scène du monde pour sauver une situation volontairement trop compromise. Déjà à force de la battre nous avions tellement couvert l'Autriche d'un ridicule immérité que la nation allemande cherchait un autre chef. Si la politique de Louis XV avait su tenir la Prusse au rang de la Saxe ou de la Bavière, nous n'eussions couru aucun danger. Cependant pour un homme tel que Napoléon l'orage était facile à conjurer; mais ce grand homme avait le tort de considérer l'Autriche comme son ennemie personnelle; il pouvait après Iéna, victoire trop peu coûteuse pour être décisive, gagner à jamais l'Autriche en lui cédant des provinces dont nous n'avions que faire, la Silésie, la Pologne prussienne, la Servie, la Roumanie, la Valachie, etc. Ainsi était évitée la sanglante campagne de 1809; Gênes, Genève, Cologne, Mayence et Amsterdam nous étaient à jamais acquises, et après la réunion des descendants de Ruyter et de Tourville, si nous ne nous laissions pas détourner de notre but par des mirages, la guerre contre l'Angleterre ne pouvait durer longtemps. Mais après avoir maltraité l'Autriche, au point de ne pouvoir plus la gagner à notre cause, nous avons laissé la Prusse territorialement intacte ; nous n'avons donné aucun dédommagement sérieux au Danemark, notre fidèle allié ; nous avons essayé de contracter avec la Russie une alliance qui demandait des sacrifices autrement coûteux que ceux qui nous auraient suffi avec l'Autriche, et cette invasion que l'Autriche n'eût pas imaginée la Prusse l'a tentée avec succès, entraînant après elle tous les autres par la contagion de sa haine et l'autorité de son orgueil.

Il est impossible, aux yeux de l'historien, de ne pas voir que moralement, sinon matériellement, la Prusse a été l'auteur et l'instigateur de nos désastres de 1814 et de 1815.

Comment, après cette leçon, n'avons-nous pas été plus clairvoyants? Pourquoi, après les malheurs et l'affaiblissement qu'a éprouvés l'Autriche en 1848, lui infliger encore Magenta et et Solférino ? Mieux eût valu mille fois, si notre sang coulait trop pressé et trop ardent dans nos veines, si la fumée de la gloire nous enivrait, tenter un grand effort pour une cause plus noble et plus utile que celle de l'Italie, et par une marche hardie à travers l'Allemagne porter 500,000 soldats sur les bords de l'Elbe et de la Vistule. Alors, si nous tendions une main cordiale à l'Autriche, n'était-il pas aisé de lui faire comprendre que les riches provinces de l'Allemagne de l'est et les bouches du Danube étaient préférables à quelques musées poudreux en Italie?

Nous ne l'avons pas fait et nous avons aggravé notre situation; à force d'être maltraitée par nous l'Autriche en est venue à un point d'effarement et de désorientement tel qu'elle s'est jetée dans les bras de son implacable ennemie, la Prusse, comme un homme endetté qui, repoussé partout, subit les exigences des usuriers, aimant mieux hâter sa ruine que de laisser voir son dénuement; de là l'inique campagne contre le Danemark et la catastrophe de Sadowa ; ce triomphe soudain a été le *fiat lux* des ambitions de la Prusse ; elle s'agitait auparavant, enlevant çà et là un lambeau de territoire à force de mauvaise foi; aujourd'hui elle prétend hautement à l'empire d'Allemagne ; elle a pris pour étendard non pas le système des frontières naturelles, mais celui des nationalités qui, planant au-dessus de tous les s traités et de la bonne foi, est d'une élasticité telle dans la pratique, qu'il contient tous les éléments de discorde. Même au point de vue purement philosophique, la nationalité ne tient-elle pas beaucoup plus à la communauté de mœurs qu'à la communauté de langue? le climat et la marche des choses établissent bientôt entre des peuples de même origine autant de différences qu'il en existe parfois entre les pères et les enfants. Et l'Amérique, que nous regardons néanmoins comme l'enfant prodige de la philosophie moderne, n'accepterait pas assurément les conclusions qu'en pourrait tirer l'Angleterre.

Franchement d'ailleurs nous ne croyons guère, à notre époque, malgré une foule de journaux et de discours officiels de tous les pays, à ce désir invincible de chacun des habitants de toute une contrée d'être réunis à ceux de la contrée voisine. Nous nous sommes aperçus que jusqu'ici ces unions-là s'opéraient beaucoup plus à coups de canon que par des étreintes amicales. De nos jours, où la vie politique est le privilége d'un petit nombre, les masses se soucient peu de savoir qui les gouverne quand elles sont bien gouvernées. Le dégoût du despotisme et de l'arbitraire qui nous caractérise, entraîne celui des grandes agglomérations politiques et des ambitions incessantes qui rendent le despotisme nécessaire. D'ailleurs quel droit de plus a la Prusse que l'Autriche, le Danemark ou la Bavière à être le Jupiter tonnant de l'Allemagne; ne vaut-il pas mieux accepter pour les États le système des limites naturelles et restreintes qui ne nous fait pas contribuer aux embellissements d'une ville que nous ne verrons jamais, qui permet aux citoyens de communiquer aussi aisément avec leurs chefs qu'avec l'obscur délégué d'un grand empire, qui, enfin, assimilant les États à de simples citoyens, les rend inviolables, lorsqu'ils s'appuient sur le droit et la justice, mais leur ôte la faculté de se placer par la force au-dessus des lois?

Quels que soient les droits de la Prusse à la prétention de dominer au-delà du Rhin, ce qu'il y a de certain c'est qu'elle l'a; et, ce qui est bien plus alarmant, elle commence à persuader aux autres que cette prétention est légitime. Avant la guerre de l'Autriche et de la Prusse une foule de moyens se présentaient; on pouvait, en 1865, si l'on parvenait à convaincre l'Autriche de sa loyauté, la dissuader de l'expédition contre le Danemark, qu'elle n'a fait dans un moment de mauvaise humeur que pour fourbir l'éclat de ses armes. On pouvait, lors du démêlé de l'Autriche et de la Prusse, les engager à remettre les choses dans l'état primitif, ce que l'Autriche aurait accepté avec joie, et porter à la Prusse, si elle s'y refusait, un coup décisif et peu coûteux. On pouvait encore, durant la guerre, sous le motif sérieux de la violation des traités si on n'avait pas commis la faute de déclarer qu'on les détestait, marcher avec cent cinquante mille hommes sur Francfort, qui nous eût hébergés volontiers pour éviter des contributions de guerre, et dicter des conditions au vainqueur sans avoir probablement la peine de le combattre; aujourd'hui la Prusse, exaltée par des lauriers improvisés, ayant à son point de vue, dans son passé, plus de sujets de s'enorgueillir que de s'humilier, car a près Iéna nous avons eu Waterloo, nous laissera-t-elle le repos honorable, *otium cum dignitate,* dont parle un ancien? il est permis d'en douter depuis l'insuccès de notre démarche intempestive et bâtarde à propos du Luxembourg.

Et pourquoi cette démarche, si nous voulions temporiser? sans doute, nous devions être blessés de la conduite de la Prusse, même trop pour que l'annexion du Luxembourg nous pût satisfaire. Mais nous n'étions pas épouvantés à ce point qu'une invasion fût à craindre : il y a une barrière plus formidable que des places fortes, c'est la poitrine de six cent mille soldats déterminés à se faire tuer, plutôt que de voir leur terre natale profanée par l'étranger.

Dieu merci, nous ne sommes ni glacés par les neiges de Russie, ni décimés par le soleil d'Espagne, et alors pourquoi perdre la position si avantageuse de gens gravement offensés, qui, immobiles et silencieux, attendent le moment d'éclatantes revanches, et aller pour essuyer un refus, offrir à la Prusse de reconnaître ses envahissements extraordinaires, moyennant l'acquisition de quelques lieues carrées?

Ce n'est pas que nous blâmions le Gouvernement de n'avoir pas déclaré alors la guerre ; pour obtenir d'heureux résultats d'une guerre ou passer d'une paix chancelante à une paix solide, il faut auparavant avoir contracté avec l'Autriche une alliance indissoluble, et ce n'est pas dans un seul jour et sans efforts que l'on regagne la confiance d'un adversaire aussi maltraité.

Fonctionnarisme. — Administration proprement dite.

L'on est généralement frappé, et l'on n'a pas tort, par le nombre prodigieux d'hommes qu'use notre armée, sans profit la plupart du temps. Il est une autre armée plus nombreuse et plus inutile encore que nous coudoyons tous les jours, sans songer assez à la réduire à de justes proportions, parce que la variété des uniformes nous empêche de les compter : c'est l'armée des fonctionnaires.

La France est organisée beaucoup plus militairement qu'elle ne s'en doute, et il n'y a guère plus de quatre hommes libres pour un caporal, d'une part, et récemment dans un de ses discours M. de Forcade, ministre de l'intérieur, évidemment compétent en ces matières, n'a pas laissé le moindre doute sur ce point. Le fonctionnaire, quel qu'il soit, ne conserve plus le droit de critique. Lorsqu'on ne goûte pas l'excellence du régime actuel, a dit M. de Forcade, on choisit une autre carrière que la carrière administrative; d'autre part, le public sait parfaitement que le juge de paix, le procureur impérial, le percepteur, n'existent pas seulement, l'un pour rendre la justice, l'autre pour faire respecter la loi, celui-là pour toucher les impôts, mais encore pour soutenir tous les actes émanant de l'initiative souveraine.

A coup sûr, Napoléon qui a créé le fonctionnarisme, le mot est nouveau, mais il est devenu nécessaire, et les gouvernements qui le lui ont emprunté ont eu bien moins en vue les nécessités des différents services publics, que de maîtriser, de diriger, si l'on veut, l'opinion de la nation. Le problème est facile à résoudre; étant donné une certaine somme d'autorité pour chaque fonction et les fonctionnaires étant absolument dépendants, il suffit d'en créer un certain nombre pour rendre toute réaction impuissante, d'autant plus que l'on aura de son côté l'entente et la persévérance que la loi interdit presque complétement aux partisans de l'opposition. Un candidat déplaît au gouvernement, celui-ci lâche contre lui la bande officielle; et comme dans l'armée active, toutes les armes, cavalerie, infanterie, sapeurs et génie conjurent sa perte. Ne parlez pas aux fonctionnaires d'amitié, de convictions personnelles, ils sont le boulet parti du canon officiel. Demain si l'ordre change, comme récemment cela est arrivé pour M. Gorsse dans le Tarn, ils défendront sans la moindre vergogne et avec la même activité désespérée celui qu'ils ont combattu.

Vraiment la reconnaissance est devenue quelque chose de superflu dans notre société. Le gouvernement donne des places qui valent de l'argent, les fonctionnaires rendent des voix qui valent du pouvoir, et les officiels, qui doivent tout à la recommandation du souverain, se tournent naturellement du côté du soleil qui les vivifie. Faut-il jeter l'anathème aux fonctionnaires qui soutiennent l'élection, aux paysans qui la subissent, aux députés qui en portent les fruits?

Non certes. Le fonctionnaire récalcitrant perd sa place; le paysan, habitué à ne pas jeter ses regards dans l'avenir plus loin que six mois, c'est-à-dire plus loin que la prochaine récolte, voit à voter pour l'ami du juge de paix, du receveur, du maire, du rat de cave et du garde champêtre, des avantages tout à fait palpables et présents; à voter pour l'opposition, il n'en voit que de très-éloignés. Une considération que les gouvernementaux ne veulent pas admettre, mais que tous les gens de bonne foi acceptent comme la plus puissante, c'est le sentiment profond qu'a le paysan de son impuissance à lutter contre l'administration. Le paysan vit seul ou presque seul. Cette audace hardie jusqu'à la présomption, cet entrain qui s'empare de tous dans une réunion nombreuse d'hommes lui sont inconnus. Sur le chemin de son hameau, il voit passer les gendarmes aux armes brillantes qui l'impressionnent toujours quand ils ne lui font pas peur. Le juge de paix l'interrompt pour le condamner dans ses explications prolixes; le receveur saisit impitoyablement sa vache quand il ne paie pas l'impôt, et c'est un propriétaire possédant deux ou trois cents hectares, ou l'avocat de la ville voisine, un petit homme à lunettes, qui ont l'inqualifiable présomption de vouloir lutter contre cette hydre aux cent têtes, qui est l'administration. La plupart du temps, ces Messieurs lui font l'effet d'un mouton capricieux opposant ses cornes à une locomotive. Mettons aussi à l'actif de l'administration les théories quelquefois insensées et subversives que l'absolutisme de celle-ci et ses rigueurs inspirent à quelques-uns de ses adversaires. Eh bien! qui oserait soutenir, lorsque, malgré toutes ces immenses pressions, l'administration est vaincue, sur quelques points, victorieuse seulement des deux tiers dans les endroits où elle est la plus puissante, et triomphe dans la plupart : le Gers, les Landes, le Lot, etc., seulement par le nombre de voix qu'elle se donne, qui oserait donc soutenir qu'il n'y a rien à faire ?

Si le gouvernement veut rentrer en lui-même, il acquerra la conviction qu'avec le suffrage à deux degrés, c'est-à-dire avec le suffrage éclairé et en partie soustrait à la crainte que l'autorité inspire aux petits, la défaite des officiels eût été presque générale; l'amour plus fervent du peuple proprement dit pour l'empire est une hypothèse purement gratuite, car cet amour, dans l'hypothèse du suffrage à deux degrés, ne l'eût pas empêché de choisir une majorité d'électeurs hostile aux errements actuels du gouvernement. D'où vient donc la différence ? c'est que l'éducation politique qui pénètre par couches n'a pas encore assez pénétré les laboureurs pour leur faire préférer au gouvernement des candidats souvent inconnus ; mais sans être partisan du suffrage à deux degrés, nous serions curieux de savoir comment 100 électeurs candidats officiels lutteraient contre 100 électeurs candidats indépendants.

Le gouvernement renoncera-t-il de son plein gré au fonctionnarisme, c'est-à-dire au gouvernement personnel, ou peut-on espérer d'obtenir la liberté et la décentralisation par les votes? Nous souhaiterions que le gouvernement déposât de son plein gré, comme jadis Scylla, cette autorité absolue qui n'augmente sa puissance qu'aux dépens de sa stabilité. On peut ne pas détester un bon maître, mais l'on n'aime passionnément que l'indépendance. Seulement et malheureusement la ténacité du gouvernement a provoqué d'injustes représailles. Rochefort a promené sa lanterne sous le nez de ces députés qui s'inspiraient du pouvoir, et non pas du pays, de ces fonctionnaires prodigues que le gouvernement comble de faveurs pour prix d'un léger désaveu.

Qu'aux reflets de cette lanterne rouge des errements, hélas! trop

blâmables, aient pris les proportions exagérées d'ombres chinoises, il n'y a
rien d'étonnant : au lieu d'imiter le noble exemple de Phœbus dans l'Ode de
Lefranc de Pompignan :

> Le dieu poursuivant sa carrière
> Versait des torrents de lumière
> Sur ses obscurs blasphémateurs.

le gouvernement paraît vouloir redoubler de rigueur, c'est le meilleur moyen de donner raison à ses ennemis ; que le Gouvernement ne s'y
trompe pas, ils ne deviendront dangereux pour lui que si le parti
libéral se voit obligé de les choisir pour faire valoir ses griefs. Le
Gouvernement pense, sans doute, qu'avec le despotisme, que nous ne lui
faisons pas l'injure de confondre avec la tyrannie, sa tranquillité est assurée,
sa marche toute tracée ; qu'avec l'émancipation de la France, au contraire,
s'ouvre peut-être une ère de convulsions et de perplexités. L'histoire a bien
démontré, Pisistrate, Périclès, César, Napoléon, en sont d'illustres exemples,
qu'un politique habile et ferme n'avait rien à redouter de son vivant des
partisans de la liberté, il faut que la tyrannie s'en mêle pour pousser le peuple
jusqu'à la révolte. La gloire jointe à la fermeté le maîtrisent passagèrement,
mais sûrement.

Les pouvoirs despotiques qui sont tombés, ne sont tombés que pour s'être trop
laissé influencer par les clameurs poussées autour d'eux et ne les avoir pas
incontinent réprimées. Lire à ce sujet l'histoire de Charles Ier et de Louis XVI.
Mais, comme nous le disions plus haut, si les peuples acceptent un bon
maître, ils n'aiment que la liberté ; dès que la main vigoureuse et habile
qui tenait le gouvernail a disparu, un coup de vent, le moindre effort en sens
contraire, suffisent pour anéantir les vestiges d'une puissance qui n'a pas
poussé de racines dans les cœurs, témoin la chute des enfants de Pisistrate,
de Richard Cromwell et de Napoléon. C'est donc à l'Empereur à voir s'il
veut indissolublement lier sa dynastie aux destinées de la France, et aux
bons citoyens à l'aider, à le pousser même s'il le faut dans cette voie, car il
faut qu'un gouvernement soit bien mauvais pour qu'il y ait avantage à le
changer. Deux moyens sont à employer : 1° demander à grands cris le
relâchement des liens qui attachent les fonctionnaires et leur diminution
dans de grandes proportions; 2° tant que le gouvernement entravera la ma-
nifestation de la volonté nationale par l'immixtion continuelle et absolue des
fonctionnaires, en le combattant par ses propres armes, c'est-à-dire par le
système d'un comité central électoral de l'opposition qui se ramifierait dans
toute la France. Si l'on nous demande d'indiquer quelques-uns des employés
qui pourront être supprimés avec plus d'avantages que d'inconvénients, nous

citerons les conseillers d'État qui pourraient être remplacés, pour la juridiction administrative, par les cours d'appel, comme les conseillers de préfecture par les tribunaux de première instance; quant aux projets de lois, le conseil privé nous paraît suffisant pour les élaborer et les modifier. Les sous-préfets, les substituts dans un grand nombre de tribunaux de première instance, une grande partie des employés du ministère de l'instruction publique réunis au ministère de l'intérieur, qui se contenterait d'envoyer des inspecteurs pour se rendre compte seulement de la moralité et de la salubrité des établissements d'instruction secondaire. Les établissements d'instruction primaire demeurant sous la surveillance d'un inspecteur primaire et le contrôle des conseils généraux. Le ministère des cultes est tout à fait inutile ; car il ne peut absolument rien contre les inconvénients qu'il est appelé à réprimer. Les perceptions que l'on pourrait comme chez les Romains confier aux conseils municipaux, et les recettes générales qui, avec la facilité toujours plus grande des communications, font double emploi avec les recettes particulières ; il est bien entendu que nous n'affirmons aucune de ces réformes *ex cathedra*, mais que nous prétendons qu'il y a lieu à réviser, à simplifier, à réprimer dans presque toutes les administrations.

Quant au système de comité électoral auquel nous invitons les hommes vraiment libéraux à songer, il nous semble qu'il devrait suivre une marche opposée à celle adoptée par le journal *l'Électeur*. Les candidats de la revendication, car le mot d'opposition ne rend pas convenablement notre pensée, seraient choisis par les membres du Comité de chaque circonscription, et le Comité central n'interviendrait que pour les aider de ses conseils et de ses ressources dans la lutte.

La lutte pour la députation elle-même serait préparée par des luttes partielles pour les conseils généraux, les conseils d'arrondissements et même les conseils municipaux, toujours en adoptant la même marche, c'est-à-dire en recevant les candidats présentés par les membres du Comité des localités que ces candidats seraient appelés à représenter. Dans le cas où la localité ne renfermerait pas de membre du Comité, on consulterait les membres de l'arrondissement ou du département, en s'efforçant de décentraliser le plus possible. Ainsi seraient recommandés les candidats de la liberté dans chaque localité par des électeurs influents ; et ces candidats eux-mêmes, une fois députés, pourraient consacrer leur influence à faire nommer conseillers généraux et conseillers municipaux les électeurs les plus populaires. Quant à la caisse électorale, car malheureusement aujourd'hui, il faut de l'argent même pour défendre les meilleures causes, il serait beau de voir les députés de la revendication y verser tout ou partie de leurs appointements ; cet exemple, une fois donné, serait bientôt suivi et se généraliserait de façon à permettre une propagande presque aussi étendue que celle des fonctionnaires. Enfin l'association aurait cet avantage, d'établir entre les députés opposants, tout en leur laissant une complète indépendance, des rapports de solidarité et d'amitié qui donnerait plus de force à leurs réclamations.

On ne verrait pas alors, comme aujourd'hui, l'autorité triompher à la faveur de la mésintelligence des opposants, et l'ensemble de voix résultant de cette union libérale donnerait au moins à son candidat une minorité suffisante pour nécessiter un second tour de scrutin, chose doublement utile, car elle donne à la fois à l'opinion publique le sentiment de sa force, et prolonge une excitation patriotique toujours favorable à la liberté.

Paris.

Quelque immense, quelque riche, en intelligences et en industries, que soit la capitale de la France, si elle restait soumise au droit commun, son administration resterait une question municipale et ne deviendrait pas une question politique. Par malheur pour Paris et pour la France, on a admis que l'intérêt du pays exigeait que Paris ne fût pas son maître. Étrange sophisme dont la conséquence serait que le chef-lieu ne doit pas s'administrer, de peur de gêner l'autorité départementale, etc., une partie des monuments nationaux dépendant du domaine de la couronne. Franchement, le Parisien qui passe sa vie dans la ville n'est-il pas meilleur juge des rues et des boulevards qu'il lui faut, que le provincial qui ne s'y trouve qu'accidentellement? Mais ce qu'il y a de plus piquant, c'est que les Parisiens sont dépouillés de leurs droits au nom de la nation, sans que celle-ci en soit investie. Pour ménager, assure-t-on, l'amour-propre des Parisiens, on délègue quelques bourgeois, leurs concitoyens; il est vrai que s'ils ne sont pas indépendants, ce n'est pas que le Gouvernement n'ait le choix. Eh bien! s'il leur fallait renoncer à l'espoir de recouvrer leur indépendance, les Parisiens aimeraient mille fois mieux être administrés par une commission composée de membres du Corps législatif, que par ces trop dévoués compatriotes. Les derniers débats du Corps législatif ont clairement démontré que, de cet état de choses, il était résulté que ni Paris, par égard pour la France, ni la France par égard pour Paris, ne voient goutte dans les affaires de cette ville. Seulement, Paris trouve qu'on lui impose de bien lourds sacrifices à cause de la France, et la France que Paris lui coûte fort cher; ce serait à croire que les hauts fonctionnaires veulent, avant tout et coûte que coûte, avoir une résidence à leur gré.

Cependant une distinction irréfutable est aisée à faire : si vous réparez le Louvre, si vous enrichissez les musées, il est juste que la France paie, car vous travaillez pour elle. Quant aux rues, aux places, aux boulevards, etc., vous ne persuaderez jamais à un homme de sens que ces travaux doivent être vus à Paris d'un autre œil que dans la plus petite bourgade ; il faut les calculer sur les ressources de la ville et proportionnellement à son étendue, voilà tout ; or, quand vous imposez à Paris près d'un milliard d'emprunts, vous dépassez la limite de ses forces. Si vous faites supporter ces dépenses à cette grande ville, vous la placez, elle qui, pour être utile, doit être très-accessible, dans des conditions différentes du reste du sol français ; si vous les imposez en partie à la France, les habitants de trois ou quatre cents villes de l'Empire ont le droit de vous demander au nom de quelle aristocratie vous chargez leur budget pour faire promener les morts de Paris en chemin de fer, quand elles supportent encore par pénurie des cimetières dans leur enceinte.

Probablement l'autorité ne prétend pas faire de Paris une ville où seront seulement représentées les grandes fortunes de France et de l'étranger, avec une sorte de suite composée exclusivement de ceux qui vivent aux dépens de la vie luxueuse des premiers. Pour qu'un peuple ou une cité soient dans de bonnes conditions d'ordre et de durée, il faut que toutes les classes s'y retrouvent dans de justes proportions. On a prétendu justifier toutes les prodigalités de l'œuvre par deux raisons ; voyons-les, nous dirons après les inconvénients que nous trouvons au système suivi. On dit d'abord que, Paris devenu ainsi un rendez-vous de plaisirs pour les étrangers, ceux-ci payent ses dépenses ; n'est-on pas ingrat pour notre beau ciel, pour les verdoyants et poétiques alentours de la capitale ; enfin pour les habitants de Paris dont l'urbanité, l'esprit et le savoir sont proverbiaux ? Assurément, le nombre des étrangers venus à Paris pour admirer ses rues et ses boulevards tirés au cordeau est très-petit, et la plupart y sont retenus par d'autres causes que ce charme un peu banal ; si leur nombre a augmenté depuis peu, c'est que les voies de communication sont plus faciles. Enfin, les étrangers ne suffisent pas à tout puisque nous empruntons ; si les recettes ordinaires s'accroissent, les dépenses ordinaires augmentent, et les dettes resteront.

La seconde justification dont ont cependant grandement usé les ministre d'un état constitutionnel, c'est l'application du principe tant reproché aux jésuites : l'excellence du but à atteindre justifie l'emploi de tous les moyens.

On monte prématurément au Capitole. A quel magnifique résultat n'est-on pas parvenu? Désormais les provinciaux de passage voteront des couronnes d'or à l'État avec le restant de leurs économies, et nos enfants nous remercieront de les avoir endettés; en tout cas, si le cas se présente, il sera nouveau jusqu'ici; les héritiers ont préféré descendre d'avares que de prodigues.

Mais qu'est-ce qui vous autorise à affirmer, vous qui admettez le progrès, qui l'invoquez même, que ce que vous avez fait n'eût pas été mieux fait et à moins de frais par vos successeurs? Les dettes ne sont légitimes que quand l'honneur ou la nécessité en font une loi; or, vous ne pourriez pas sans rire soutenir que vous n'avez pas fait de dépenses de luxe. J'admets, par exemple, que vous ayez eu quelquefois raison de frayer de larges voies dans des quartiers peu aérés. Pour quel motif vous charger de la construction des maisons riveraines, ou imposer aux propriétaires des plans tellement coûteux, que leur abstention était presque forcée? vous construisez ainsi des maisons qui vous coûtent plus cher qu'elles ne valent, et plus qu'elles n'auraient coûté à de simples particuliers.

Vous obtenez plus de régularité, mais aussi plus de monotonie; vous forcez violemment tout le commerce qui vit de réclame, à quitter les rues modestes pour s'entasser dans ces colossales maisons, où la cherté de la place fait que l'on est logé comme dans des cabines et à des hauteurs vertigineuses; cela est-il irréprochable au point de vue de cette hygiène dont vous faites votre principal bouclier? La beauté de votre œuvre, l'infaillibilité de votre coup d'œil ne sont pas plus avérés. Beaucoup de gens prétendent, par exemple, que si vous aviez placé le boulevard de Sébastopol sur le prolongement des boulevards du Palais et de Saint-Michel, la perspective eût là été plus belle; vous pouviez faire des alentours du Palais-de-Justice une des plus belles places de Paris, et certainement plus fréquentée que celle du Trocadéro, en dégageant Notre-Dame, et en consacrant à un square qui eût permis d'embrasser du Châtelet l'ensemble des deux rives de la Seine, le terrain où vous avez édifié les casernes des gardes de Paris et des pompiers. Un boulevard faisant suite aux Tuileries pour aller rejoindre le boulevard des Italiens, ne valait-il pas mieux que la rue de la Paix; moins de gens, il est vrai, auraient contemplé la Colonne; enfin le commerce parisien n'eût-il pas profité davantage d'un large boulevard remplaçant la rue du Bac, et allant jusqu'à la gare de l'Ouest, que des boulevards éloignés du Prince-Eugène et Richard-Lenoir?

Donc, ce que vous avez fait n'ôtera pas, croyez-le, à vos enfants, l'envie de construire à leur guise; ils démoliront plus d'un des alignements que vous avez bâtis pour la postérité, et leur héritage, déjà très-compromis, risque fort d'être tout à fait gaspillé.

Mais quelque chose de plus dangereux, ce sont les errements dans lesquels vous entraînez la nation, vous, l'élu du peuple, qui, par conséquent, devez surtout favoriser les masses; vous produisez la centralisation des fortunes par des spéculations colossales, vous habituez les particuliers à vou s imiter, et l'on peut juger vos œuvres par les catastrophes qui atteignent ceux qui les imitent. Vous, le crédit de la France vous protége, mais l'élan qu'il pourrait imprimer à la nation est amorti par ces dépenses stérile s.

On se plaint des opinions radicales démocratiques et socialistes de Paris; on convie, comme dans un moment critique, leshonnêtes gen s de tous les partis à venir en aide à la chose publique; mais la violence de ces passions n'est - elle pas en raison directe du luxe et de la profusion affichés par la haute classe et les hauts fonctionnaires? il est bien difficile que la jalousie des uns ne soit pas la conséquence du faste des autres. Ce n'est pas la différence des fortunes qui irrite le pauvre, ce qui l'irrite, c'est l'ostentation en toutes choses qu'il ne peut imiter.

Dans les pays où les riches se vêtissent, se logent, se nourrissent modestement, personne ne songe à leur disputer une fortune dont ils semblent plutôt être les administrateurs que les maîtres. Sans doute, la question es t brûlante, car elle est limitrophe du droit de propriété et de la liberté individuelle; aussi ne demandons-nous pas, comme certains idéologues, que le gouvernement et l'administration municipale imposent aux particuliers un *modus vivendi;* nous leur demandons, parce que les exemples partis de haut sont toujours suivis, d'être des modèles d'économie, de simplicité et de bienveillance. La tâche est ingrate, mais aujourd'hui les peuples sont-ils faits pour les souverains, ou les souverains pour les peuples?

Aux États-Unis, où M. Steward, un particulier, consacre trente millions à doter les jeunes filles pauvres d'un asile, l'illustre président Grant, dont la gloire peut empêcher de dormir plus d'un empereur, ne touche que cent mille francs d'indemnité; aussi le socialisme y est-il chose presque inconnue, quoique, grâce à l'industrie et à l'initiative personnelle, favorisées par un excellent gouvernement, les fortunes privées y soient infiniment plus considérables qu'en France.

Sénat. — Représentation nationale. — Cumul.

Pour les postes élevés, tels que les préfectures, les grades de maréchal, d'amiral, de sénateur, de ministre, etc., il nous paraît que le cumul des appointements est le plus déplorable des abus, non pas tant à cause de la saignée que ce cumul fait au budget, bien qu'il faille en tenir compte et se rappeler ce mot de Colbert : *On doit prodiguer des millions pour le nécessaire et retrancher une dépense inutile d'un denier*, mais surtout à cause de l'avidité avec laquelle l'énormité des appointements fait rechercher de hautes fonctions. Il ne faut point, assurément, que l'homme illustre à qui sont confiées en partie les destinées du pays puisse se trouver aux prises avec la gêne, et que le souci du pot-au-feu vienne le distraire de ses hautes préoccupations. Mais pourquoi vouloir que celui qui domine les autres par son rang et son talent les éclabousse aussi par sa fortune? Pourquoi, parce qu'un homme est utile à sa patrie, permettre à ses descendants, par des profusions sans but, de vivre longtemps dans l'oisiveté?

Cet état de choses est, assurément, en contradiction avec nos idées modernes; c'est un vestige de l'édifice aristocratique que la nation a cependant renversé au prix de tant de sang et de victoires.

C'est déjà un assez noble métier que celui de servir sa patrie pour que bien des gens le suivent avec le seul espoir de vivre honorablement sans avoir celui de s'y enrichir. Ceux que l'amour du gain y appelle seront plus utiles à la France en se livrant au commerce, et ne prendront pas la place à de plus dignes.

Pourquoi ne pas alors, en laissant aux grades inférieurs les appointements qu'ils ont actuellement, ou en les accroissant même s'il y a lieu, fixer un maximum qui ne pourrait être dépassé dans aucun cas? De plus, il y aurait un moyen d'atténuer encore les légers inconvénients d'un tel système, ce serait, toutes les fois que l'immoralité ou l'incapacité de l'homme ne s'y opposeraient pas, de nommer à certaines fonctions telles que celles de préfet, de maire des grandes villes, de sénateur, etc., des hommes occupant déjà une haute position sociale; car si l'État n'est pas obligé d'enrichir les citoyens qui le servent, c'est une bonne chose que de faire servir la fortune des citoyens au bien de l'État : l'on aurait des fonctionnaires un peu plus indépendants, il est vrai, mais où serait le mal à présent que la question de dynastie est presque complétement disparue, et d'ailleurs ne gagnerait-on pas en fidélité ce que l'on perdrait en souplesse?

En ce qui touche la représentation nationale, deux errements sont surtout répréhensibles à nos yeux et doivent être changés. Ce n'est pas précisément aux candidatures officielles que nous en voulons, car après tout, et quoique l'on puisse dire, le gouvernement a le droit et le devoir de veiller à sa conservation, et il n'est pas tenu de laisser s'introduire à la chambre sans s'y opposer légalement de toutes ses forces des esprits brouillons et chagrins; mais de là à détester comme aujourd'hui toute contradiction d'où qu'elle vienne et à diviser la France, pour faire triompher des députés fanatiquement dévoués, contrairement aux intérêts des citoyens et à la nature des choses, il y a loin. Est-ce que M. Calley Saint-Paul est un révolutionnaire parce qu'il a dit son fait au préfet de la Seine? les quatre-vingt-dix députés cléricaux réprouvés en 1863 menaçaient-ils l'existence de l'empire? Après tout, chacun n'entend-il pas le bien public à sa manière ?

Pour qui sait tant soit peu combien l'esprit des hommes, selon l'expression de Montaigne, est ondoyant et divers, une unanimité constante est plutôt la marque du parti pris et de l'abnégation d'un grand nombre que de la conformité des vues de tous.

De plus, selon la constitution, 35,000 électeurs ayant droit de manifester leur sentiment et de faire valoir leurs intérêts auprès de l'empereur par la voix d'un député, ne faut-il pas grouper les électeurs suivant que des intérêts plus importants les lient les uns aux autres ? Cela n'empêche pas qu'on ne mette en lambeaux de grandes villes formant des unités bien définies pour mitiger leurs opinions peu goûtées par celles de communes rurales fort éloignées. A tant faire, faites donc voter la France collectivement pour tous les députés, ou plutôt ne comptez pas connaître l'état de l'opinion publique tant que vous maintiendrez les députés sous une pareille férule, après les avoir fait passer par un pareil alambic.

Presse. — Conseils municipaux. — Libre échange.

La représentation du pays, ramenée à son véritable but, ne pourrait donner à la France tous ses avantages, que si elle était complétée par une représentation locale également franche. Dans l'immense majorité des communes, les conseils municipaux sont nommés à l'élection; aussi n'a-t-on guère que des éloges à donner à l'administration communale, dont les attributions sont malheureusement trop limitées; mais nous ne craignons pas de dire que c'est une flagrante contradiction avec ses principes les plus chers, de la part du gouvernement, et une insulte permanente au suffrage universel, que d'enlever, sous quelque prétexte que ce soit, aux citoyens d'une commune, comme cela se passe à Paris, à Toulouse, à Marseille et à Lyon, le droit de nommer leurs magistrats municipaux. Un pas de plus devrait même être fait partout, et le conseiller municipal ayant réuni le plus de suffrages déclaré maire de plein droit. Dans le cas où des dissentiments éclateraient entre le maire et le conseil, celui-ci serait libre de provoquer une nouvelle élection qui trancherait le différend.

La liberté de la presse, — dont il faut dire un mot, — quoiqu'ayant sa raison d'être, nous paraît, nous devons en convenir, moins désirable que les améliorations citées plus haut. Cette liberté serait surtout très-avantageuse actuellement pour réclamer les autres; une fois celles-ci obtenues, et la France en général, la magistrature en particulier, imprégnées de libéralisme, peut-être pourrait-on s'en tenir au régime actuel, en supprimant toutefois le droit de timbre et de cautionnement, et ne maintenant la prison que comme moyen d'obtenir le paiement de l'amende encourue.

Enfin, après toutes les concessions possibles faites au développement de la liberté individuelle, à la sécurité morale et au bien-être physique des citoyens, par les réformes et les économies, se présente naturellement dans un ordre d'idées moins élevé l'importante question du libre échange. N'est-il pas certain que si tant de discussions se sont élevées sur la valeur de la liberté complète des transactions, si l'entente est devenue impossible, c'est que les deux partis avaient chacun à moitié raison? Les partisans du libre échange n'envisageaient que la force des principes, ses ennemis ne voyaient que les inconvénients actuels.

C'est que, pour se servir d'une expression vulgaire, le Gouvernement a commencé par la fin, en accordant le libre échange avant le désarmement. L'achèvement de notre réseau de chemins de fer et les économies du budget, ce renversement de toutes les barrières, ce marché universel, produisent sur les nations l'effet du grand air et d'une nourriture substantielle sur les individus.

Les forts ne s'en portent que mieux, les faibles dépérissent plus vite; si l'Empire, en s'interdisant désormais les emprunts, en amortissant la dette existante, en diminuant les impôts, faisait refluer l'argent du pays dans les provinces au lieu de l'attirer au centre, l'affluence des marchandises sur les chemins de fer permettrait d'en diminuer les tarifs; les particuliers, voyant prospérer leur fortune, se lanceraient dans l'industrie, et ne reculeraient pas devant les premiers frais des perfectionnements, d'autant plus que la difficulté de placer leur argent les ferait se contenter de bénéfices modérés, et la France, produisant immensément plus que sa consommation, atteindrait un degré de richesse dont on ne calcule pas assez l'étendue; il faut le dire bien haut, pour nous faire rougir du passé et nous instruire pour l'avenir, nulle contrée ne se trouve dans un ensemble de conditions aussi favorables que la France, dans un climat tempéré, donnant à la fois et avec une abondance et une régularité merveilleuses, les fruits du Nord et du

Midi. Elle étend ses rivages au centre des deux mers les plus importantes de l'Europe, et ses montagnes sont assez élevées pour lui permettre de multiplier, à l'infini, les canaux et les chutes d'eau. Pourquoi donc souffrons-nous? Pourquoi les cotons, les fers, les draps de l'Angleterre, de la Russie et de la Belgique envahissent-ils nos marchés? C'est que ces nations sont libres et que nous ne le sommes pas; qu'elles ont des avances, tandis que le Gouvernement absorbe les nôtres. Avec les deux milliards semés en Crimée, en Italie, au Mexique, judicieusement employés, nous pouvions dépasser le commerce de toutes les nations du monde. Aujourd'hui, il n'est que temps d'empêcher une partie de nos ressources de périr : ou bien il faut placer le commerçant français dans des conditions pareilles à ses concurrents; ou il faut rétablir les droits prohibitifs, accessoires des gouvernements coûteux et despotiques.

Pour le moment, le libre échange est une anomalie. Sans donc prétendre, ce qui serait également injurieux pour la France et pour le Gouvernement, que nous soyons soumis à une pure autocratie, croyant même qu'il est certaines oppressions et certaines réactions que l'on ne pourrait se permettre impunément, il ressort cependant clairement, de ce qui precède, que le régime constitutionnel est encore chez nous à l'état d'embryon ; dans cette situation l'État peu beaucoup pour hâter ou retarder les progrès de la France ; les Français sont encore trop novices ou trop indifférents en fait de libertés pour les revendiquer avec ensemble et modération. Que le gouvernement ne fasse pas à des millions d'honnêtes gens indépendants l'injure de les confondre avec les perturbateurs de Saint-Étienne ; ceux-là qui dirigent leurs attaques contre les églises et non contre les casernes, ne seront guère à craindre quand ils seront seuls à demander des changements. Pour nous, contribuer à faire sentir aux bons citoyens tout le prix de la vraie liberté, essayer d'inspirer au Gouvernement actuel une initiative qui l'immortaliserait, telle est al tâche que nous avons tentée.

25303 Paris. — Typographie et Lithographie de Renou et Maulde, rue de Rivoli, 144.